저자소개

기획 / 김상욱

경희대학교 물리학과 교수. 예술을 사랑하고 미술관을 즐겨 찾는 '다정한 물리학자'. 카이스트에서 물리학으로 박사학위를 받았고, 독일 막스플랑크연구소 연구원, 도쿄대학교와 인스부르크대학교 방문교수 등을 역임했습니다. 주로 양자과학, 정보물리를 연구하며 70여 편의 SCI 논문을 게재했습니다.

글 / 김하연

프랑스 리옹3대학에서 현대문학을 공부했습니다. 어린이 잡지 <개똥이네 놀이터>에 장편동화를 연재하며 작품 활동을 시작했으며, 지금은 어린이와 청소년을 위한 글을 쓰고 있습니다. 쓴 책으로 동화 <소능력자들> 시리즈, <똥 학교는 싫어요!>, 청소년 소설 <시간을 건너는 집>, <너만 모르는 진실>이 있습니다.

그림 / 정순규

자유로운 상상을 좋아하는 일러스트레이터. 고려대 생명과학부 졸업 후 좋아하는 일을 하기 위해 꿈을 찾아 그림을 그리기 시작했습니다. 부산 아웃도어미션 게임 <바다 위의 하늘 정원> 외 2개의 테마 그림 작업을 했습니다.

자문 / 강신철

과학 커뮤니케이터. 자연을 멍하니 바라보며 그 속의 진실을 찾아가는 과정을 좋아합니다. 알게 된 재밌는 이야기를 함께 나누는 것을 더욱 즐깁니다. 현재는 극단 <외계공작소>에서 과학과 인문학을 융합하는 과학 공연을 기획하고 있습니다. 서울대학교 물리교육과 박사과정을 수료하고 졸업을 향해 열심히 달려가고 있습니다.

어린이를 위한 세상의 모든 과학

물리박사 김상욱의
수상한 연구실
❷ 중력: 으악, 유령이다!

기획 **김상욱** | 글 **김하연** | 그림 **정순규** | 자문 **강신철**

아울북

기획자의 글

물리를 알면 과학이 쉬워집니다.

어린 시절, 우리 모두 과학자였다면 믿으실 수 있나요? 땅속이 궁금해서 땅을 파보거나, 무지개 끝에 가보려고 하염없이 걸었거나, 장난감이 어떻게 작동하는지 궁금하여 분해해 본 적 있다면 여러분은 과학자였습니다. 어쩌면 과학자는 어린 시절의 흥미를 잃지 않고 간직한 사람인지도 모릅니다. 그렇다면 우리 어린이들이 과학에 대한 관심을 잃지 않도록 지켜야 하지 않을까요?

과학 중에서도 물리는 특별합니다. 오늘날 과학이라고 부르는 학문은 17세기 뉴턴의 물리학에서 시작되었다고 해도 과언은 아니기 때문이죠. 거칠게 말해서 현대과학은 물리의 언어와 개념을 사용하여 물리적 방법으로 수행되는 활동입니다. 화학에서 원자구조를 계산하고, 생명과학에서 에너지를 이야기하며, 전자공학에서 양자역학을 사용하고, 천문학에서 상대성이론을 적용하는 것처럼 말이죠. 물리는 모든 자연에 들어있는 가장 근본적인 원리를 다루는 학문이기 때문입니다. 따라서 물리를 모르면 과학을 이해하기 힘듭니다.

과학자가 되지 않으면 물리를 몰라도 될까요? 현대는 과학기술의 시대입니다. 지난 200여 년 동안 일어난 중요한 변화는 대개 과학기술의 결과물입니다. 지금은 과학기술 없이 단 한 순간도 살 수 없는 시대라는 뜻입니다. 이제 과학은 전문가들만의 지식이 아니라 현대를 살아가는 상식이자 교양이 되었습니다.

어린이들은 물리가 다루는 여러 어려운 주제에 대해 이미 잘 알고 있으며 심지어 좋아합니다. SF영화에 단골로 등장하는 블랙홀, 빅뱅, 타임머신, 순간이동, 투명망토, 원자폭탄, 평행우주 등이 그 예죠. 하지만, 막상 수학으로 무장한 교과서 물리를 만나면 흥미를 잃어버립니다. 물리를 제대로 이해하려면 결국 수학도 알아야 하지만, 교양으로서의 물리를 알기 위해 수학이 꼭 필요한 것은 아닙니다. 사실 물리학자에게도 엄밀한 수식보다 자연에 대한 직관적인 이해가 중요한 경우가 많습니다. 이렇듯 어린이들이 이미 가지고 있는 물리에 대한 호기심을 일깨우고, 제대로 된 지식을 알고 싶다는 동기를 불러일으키는 것이 더 중요하다고 생각합니다.

출간 제안을 받았을 때, 과학학습만화 시리즈를 틈틈이 읽던 저의 어린 시절이 떠올랐습니다. 공룡과 곤충 이야기에는 흠뻑 빠졌지만, 물리를 다룬 이야기는 지루했던 기억이 납니다. 당시 물리 이야기도 공룡이나 곤충처럼 재미있게 읽었다면 좀 더 일찍 물리학자의 꿈을 키울 수 있지 않았을까하는 상상도 해봅니다.

이 시리즈를 준비하며 저와 강신철 박사가 꼭 다뤄야 할 물리 개념을 정리했고, 그것을 바탕으로 김하연 작가가 어린이들이 정말 좋아할 이야기를 만들었습니다. 제가 등장하여 아이들과 미스터리를 풀어간다는 설정이 특히 마음에 드는데, 그 과정에서 중요한 물리 개념이 하나씩 등장하게 됩니다. 무엇보다 정순규 작가의 삽화가 너무 멋지고 사랑스러워서 더욱 몰입할 수 있을 거라고 기대합니다. 최선을 다해 만든 이 책을 읽고 많은 어린이들이 물리와 사랑에 빠지는 계기가 되길 기원합니다.

물리학자 김상욱

차례

- 저자소개 … 2
- 기획자의 글 … 4
- 등장인물 소개 … 8

1. 햇빛 마을에 이상한 집이 있다고? 10
비밀 연구 일지 1 / 중력 때문에 생기는 현상들

2. 마 회장의 비밀 음모 32
비밀 연구 일지 2 / 로켓의 원리

3. 사건 속으로 한 발짝! 48
비밀 연구 일지 3 / 뉴턴의 중력과 아인슈타인의 중력

4. 2층에서는 무슨 일이? 68
비밀 연구 일지 4 / 우주에 가면 벌어지는 일

⑤ 실망한 마 회장과 뜻밖의 발견 90
비밀 연구 일지 5 / 블랙홀의 정체

⑥ 우리들의 엉뚱한 작전 112
비밀 연구 일지 6 / 중력에 의해 생기는 부력

⑦ 중력 이데아를 사수하라! 134

- 물리 이데아 도감 : 중력 … 150
- 쿠키 … 152
- 3권 미리보기 … 158

등장인물 소개

김상욱
아저씨

'또만나 떡볶이'의 새 주인.
떡볶이 만드는 걸 물리보다 어려워하는 이상한 아저씨다. 어딘가 어설프고 어리바리해 보이지만, 떡볶이집에 엄청난 비밀을 숨겨놓은 것 같다.

태리

떡볶이 동아리 '매콤달콤'의 리더.
활발하고 솔직한 성격으로 친구들에게 인기가 많지만, 가끔은 지나친 솔직함으로 친구들을 난처하게 만들기도 한다.

해나

'매콤달콤'의 브레인.
웬만해선 손에서 책을 놓지 않는 만큼 잡다한 지식을 알고 있다. 하지만 고지식하고 시큰둥한 성격의 소유자다.

건우

자타공인 '매콤달콤'의 사고뭉치.
공부가 세상에서 제일 싫지만 그중에서도 싫어하는 과목은 수학과 과학. 가끔씩 기발한 아이디어로 모두를 깜짝 놀라게 한다.

레드
마두식 회장의 최측근 비서.
마 회장이 누구보다도 믿는 엘리트 부하.
냉철함과 뛰어난 판단력을 자랑한다.
고집불통인 마 회장도 레드의
말이라면 신뢰하고 따른다.

마두식 회장
엔진 제조 회사 '에너지킹'의 회장.
'에너지킹'에서 만든 초강력 신형 엔진 덕분에
하루아침에 부자가 되었다.
세계인의 영웅이라 불리지만
거대한 음모를 숨기고 있다.

이룩한 박사
'또만나 떡볶이'의 전 주인.
까칠한 성격 탓에
'또만나 떡볶이'가 인기를 잃어버리는 데
한몫한 장본인. 언제, 어디로, 어떻게
사라졌는지 아무도 모른다.

블랙&화이트
마두식 회장의 부하 콤비.
마 회장이 하루에도 수십번씩 해고를
고민할 정도로 사고뭉치들이다. 어디로
튈지 모르는 성격에, 마 회장이 내린
지시를 까먹기 일쑤다.

벨라 요원
'이데아 수호 협회'의 요원
겉으로는 까칠해 보이지만, 이데아를
잡는 데 필요한 준비물들을 가져다주는 등
김상욱 아저씨가 연락할 때마다
도움을 주러 등장한다.

1

햇빛 마을에
이상한 집이 있다고?

김상욱 아저씨와 세 아이들이 탄 차가 햇빛 마을 거리를 달렸다. 또만나 떡볶이를 출발할 때만 해도 화창하던 하늘에 먹구름이 조금씩 드리우기 시작했다. 김상욱 아저씨가 갑자기 브레이크를 밟는 바람에 아이들의 몸이 앞으로 쏠렸다.

건우가 말했듯이, 김상욱 아저씨와 아이들은 가구들이 둥둥 떠오르는 집이 있다는 이야기를 듣자마자 그리로 달려가고 있었다. 차를 돌리기에는 너무 멀리까지 와 버렸다.

해나가 책에서 눈을 떼지 않은 채 말했다.

"걱정 마세요. 가스레인지는 제가 잠갔으니까."

건우도 한마디 보탰다.

"가게에 훔쳐 갈 것도 없잖아요. 아니다, 루그가 있지!"

"쉿! 사람들이 있는 곳에서는 절대로 그런 말을 하면 안 돼."

일주일 전, 김상욱 아저씨와 아이들은 힘을 모아 빛의 이데아 루그를 잡았다. 루그는 또만나 떡볶이 지하실에 있는 이데아 캔 속에 고이 잠들어 있었다.

 집 근처에서 북적이는 사람들을 보자 루그 때문에 한바탕 소란이 일어났던 햇빛 병원이 떠올랐다. 이 집에 또 다른 이데아가 돌아다니고 있다면 무슨 일이 벌어질까.
 김상욱 아저씨와 아이들은 근처에 차를 세우고 문제의 집 쪽으로 걸음을 옮겼다. 또만나 떡볶이에서부터 미행하던 블랙과 화이트도 차를 세우고 그들을 따라갔다.

이 집에 살던 가족은 집에 유령이 있다며 이미 이사를 갔다고 했다. 그런 말을 들어서일까. 금세라도 비가 쏟아질 듯 우중충한 하늘 아래 서 있는 집은 음산한 분위기를 풍겼다.

김상욱 아저씨와 아이들은 대문을 지나 정원으로 들어갔다. 그리고 사진을 찍거나 구경하는 사람들 사이에 섞여서 집의 겉모습을 좀 더 자세히 살펴보았다.

주홍색 벽돌로 지어진 낡은 이층집. 모든 창문에는 커튼이 굳게 쳐져 있었고, 담쟁이덩굴이 지붕까지 지저분하게 기어 올라가고 있었다.

어디선가 서늘한 바람이 불어와 김상욱 아저씨와 아이들의 몸을 휘감았다.

집 안에 들어서자마자 사람들의 시끌시끌한 목소리가 귓가를 어지럽혔다. 김상욱 아저씨와 아이들은 맨 먼저 거실로 들어갔다. 가구들이 떠오른다는 소문과 달리 거실은 평범한 모습이었다. 소파와 탁자, 장식장 등 거실의 모든 가구들은 바닥에서 1밀리미터도 솟아오르지 않은 채 자신의 자리를 굳건하게 지키고 있었다.

"네? 저희는 그냥…… 구경 왔는데요. 이 집에서 이상한 일들이 생긴다고 해서요."

"저는 햇빛 부동산 사장이에요. 여기 살던 가족은 옷가지만 대충 챙겨서 떠나 버렸어요. 집을 팔고 싶어 하는데 조금이라도 비싸게 팔려면 집이 멀쩡해야 하지 않겠어요? 너튜버든 뭐든 누구라도 좋으니 여기 있는 유령을 쫓아내 주면 좋겠네요."

아주머니는 한숨을 푹푹 쉬며 거실에서 나갔다.

소파 근처에서는 또 다른 남자와 여자가 처음 보는 신기한 장비들을 점검하고 있었다.

태리가 그쪽으로 쪼르르 달려갔다.

"그 기계들은 뭐예요? 언니랑 오빠도 너튜버예요?"

태리의 질문에 여자가 웃으며 말했다.

"아니. 우리는 초자연현상 전문가야. 이 기계는 전자기장 측정기인데, 유령이 나타날 때 발생하는 전자기파를 감지하지. 주변 자기장에 변화가 생기면 그 세기에 따라 측정기에 불이 단계별로 들어와."

태리는 신기한 듯 장비들을 유심히 관찰했다.

하지만 헛수고였다. 유령을 볼 거라는 기대로 집안에 들어온 다른 사람들의 얼굴에도 조금씩 의심이 피어올랐다.

건우가 투덜댔다.

"헛소문이었나? 유령이든 이데아든 아무것도 없잖아요."

"쉿! 다른 사람들이 듣겠다."

김상욱 아저씨는 거실 구석으로 아이들을 데려갔다.

"밤에만 나타나는 이데아 아닐까요? 유령처럼요."

태리의 질문에 해나가 대답했다.

"루그는 낮에도 잘만 돌아다녔어."

김상욱 아저씨가 말했다.

"모든 이데아가 루그처럼 활발하지는 않을 수도 있어. 거실 말고 다른 쪽으로 가 보자."

그때였다.

그 순간, 사람들의 비명과 함께 거실에서 믿지 못할 광경이 벌어졌다. 가구들이 한꺼번에 움직이기 시작한 것이다!

스탠드가 놓여 있던 작은 협탁은 피아노 쪽으로 이동했다. 소파 사이에 있던 탁자는 소파 쪽으로 끌려갔고, 소파와 피아노는 서로를 향해 움직이기 시작했다.

장식장 옆에서 방송을 하던 너튜버는 장식장 쪽으로, 소파 근처에 서 있던 초자연현상 전문가들은 소파 쪽으로 끌려갔다. 다행히 이런 괴현상은 거실에서만 일어났다. 거실 밖에 있던 김상욱 아저씨는 아이들을 자신의 뒤쪽으로 밀었다.

"사람들을 도와줘야겠어요!"

"안 돼!"

김상욱 아저씨가 태리의 팔을 잡았다.

건우가 덜덜 떨며 외쳤다.

"거봐요! 유령이 맞잖아요! 빨리 도망쳐요!"

그때, 가구들에 붙어 있던 사람들의 몸이 갑자기 떨어졌다. 사람들은 균형을 잃고 휘청거리며 비명을 지르더니 우당탕탕 현관 쪽으로 뛰어갔다.

건우는 그저 답답하기만 했다.

"그게 이데아랑 무슨 상관인데요?"

"영국의 물리학자 아이작 뉴턴은 지구와 사과가 서로 잡아당기는 현상으로부터 물체 사이에 작용하는 힘을 설명하려고 했어. 뉴턴의 만유인력의 법칙은 당연히 알겠지?"

"당연히 모르죠."

"쩝…… 물체들끼리 잡아당기는 힘은 물체의 질량이 클수록 강해지고, 거리가 멀수록 약해진다는 뜻이야."

태리가 물었다.

"그렇다면 도대체 어떤 이데아가 이런 짓을 하는 건데요?"

김상욱 아저씨는 엉망이 된 거실을 한동안 바라보더니 집 안에 아무도 없다는 것을 다시 한번 확인한 뒤 마침내 입을 열었다.

1. 중력 때문에 생기는 현상들

오늘의 연구 대상

유령의 집에서는 정말 이상한 일들이 벌어지고 있었어.
가구들이 갑자기 혼자 움직이고, 사람들은 가구 쪽으로 끌려갔지.

중력 이데아! 이번엔 바로 너구나!

오늘의 일지

중력이 벌이는 일들

중력은 우리의 삶과 아주 밀접한 관련이 있어. 우리가 땅에 발을 붙이고 걸어 다니는 것, 별똥별이 지구로 떨어지는 것, 계절이 바뀌는 것, 이 모든 것들은 **중력이 없다면 벌어질 수 없단다.**

중력이 무엇인지 알아보기 전에 일단 중력 때문에 어떤 현상들이 생기는지부터 알면 중력을 이해하기 더 쉬울 거야! 자, 시작해보자!

우리는 지금도 중력을 느끼고 있어.

중심을 향해 떨어진다! 자유낙하

주변에 보이는 물건을 하나 집어서 공중에 놓아볼래? 바닥에 떨어졌지? 이렇게 **물체가 떨어지는 현상을 자유낙하**라고 해. 하지만 중요한 게 하나 있어. 물체는 위에서 아래로 떨어지는 게 아니라 **지구 바깥에서 지구 중심으로 떨어지는** 거야. 무슨 말인지 이해가 잘 안되지?

북극에 있는 사람에게 '아래를 가리키세요'라고 하면 땅을 가리킬 거야. 반대로 남극에 있는 사람에게 '아래를 가리키세요'라고 해도 똑같이 땅을 가리키겠지. 우주에 있는 사람이 이 두 사람의 모습을 보면 두 사람 모두 지구 중심을 가리키고 있을 거야. 즉, 중력은 위에서 아래로 작용하는 힘이 아니라, **바깥에서 중심으로 작용하는 힘**이라는 뜻이야.

함께 돈다! 공전

공전이란 서로 **중력으로 끌어당기고 있는 두 물체가 서로 달라붙지 않고 주변을 계속 돌고 있는 현상**을 말해. 예를 들어볼까?

달은 지구를 중심으로 공전하고 있어. **달과 지구는 서로 중력으로 끌어당기고 있고, 서로를 향해서 계속 자유낙하**한다는 거지. 그런데 왜 서로 부딪히지 않는걸까? 그건 달이 지구 주변을 매우 빠른 속력으로 움직이고 있기 때문이야. 지구가 잡아당겨서 떨어지는 만큼 옆으로 계속 움직여서 떨어지지 않는 거지.

마찬가지로 지구도 달을 향해 떨어지고 있지만, 지구가 훨씬 무겁기 때문에 티가 나지 않을 뿐이야.

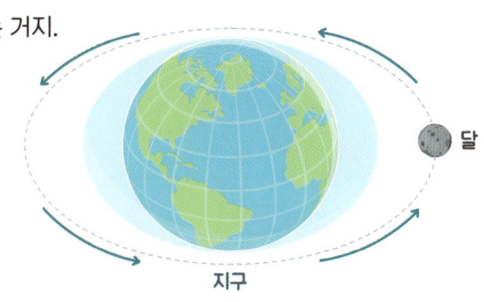

> **오늘의 연구 결과**
>
> ## 중력은 바깥에서 중심으로 작용하는 힘!

 유령이 아니라 중력 이데아라고!

2

마 회장의 비밀 음모

　엔진 제조 기업 '에너지 킹'의 회장이자 환경 운동가로 유명한, 하지만 환경에는 아무 관심이 없는 마두식 회장은 신문을 펄럭이며 비밀 연구소를 돌아다니고 있었다.
　마 회장은 얼마 전 새로운 로켓 엔진 '스페이스 가디언' 개발을 발표하는 기자 간담회를 열었다. 전 세계는 우주 탐사를 앞당겨 줄 스페이스 가디언에 대한 기대로 한껏 부풀어 있었다.

〈햇빛 신문 기획 특집〉

내가 우주인이 될 상인가?
에너지 킹의 마두식 회장

역대 최강의 추력을 갖춘 로켓 엔진 '스페이스 가디언' 개발에 성공한 마두식 회장이 본격적으로 우주 개발 사업에 진출한다. 환경 운동가로도 유명한 마 회장은 스페이스 가디언 엔진을 장착한 우주 탑재체 제작을 시작으로 우주에서도 인류가 살아갈 수 있는 시대를 열겠다고 했다. 에너지 킹이 엔진 제조 기업을 뛰어넘어……

"엔진 개발은 끝났으니 이제 로켓에 실릴 탑재체를 만들어. 로켓 이름은 뭐로 할까? 그레이트 마두식? 아니면 스페이스 두식? 로켓에 내 얼굴도 꼭 그려 넣어. 다른 녀석들보다 우리가 먼저 만들어야 해. 끝내주는 탑재체까지 만들면 우주에서 비싼 광물을 캐 와서 지구에 팔 수 있다고."

마 회장의 기분은 우주를 누빌 만큼 좋았다.

하지만 곧 마 회장의 기분에 찬물을 끼얹는 일이 일어났다.

"탑재체 제작은 미뤄야 할 것 같습니다, 회장님. 스페이스 가디언을 좀 더 보강해야 해요."

"기자 간담회까지 했는데 무슨 소리야!"

"아시다시피 로켓이 대기권을 지나 우주까지 도달하려면 가스를 엄청난 속력으로 분사해야 합니다. 가스를 빠르게 분사하는 엔진을 제작하기란 아주 힘들고요."

마 회장은 수조에 갇힌 생명체를 노려보며 말했다. 생명체는 마 회장의 말을 듣자마자 눈을 부릅떴다. 그러고는 수조를 부수고 싶은 듯 팔다리를 휘저으며 몸부림쳤다.

"건방진 녀석 같으니. 스위치 올려!"

박사는 망설였지만 마 회장의 명령을 거스를 수는 없었다. 생명체의 몸에 연결된 전선으로 전기가 흐르자 생명체는 괴로움에 몸부림치다 결국 몸을 축 늘어뜨렸다. 마 회장은 수조 가까이 다가가 수조를 톡톡 두드렸다.

블랙과 화이트는 아직도 심장이 터질 듯이 날뛰었다. 둘은 그 집에서 겪은 일을 앞다투어 떠들었지만, 당최 무슨 소리인지 알아듣기 힘들었다. 어쨌든 둘이 내린 결론은 같았다.

그 집에 유령이 산다!

마 회장은 못내 아쉬운 듯 입맛을 다셨다.

"쳇. 유령 들린 집이었다니, 괜히 시간만 낭비했군."

옆에서 듣고 있던 이룩한 박사가 말했다.

"유령 같은 걸 믿으시는 겁니까? 세상에는 과학으로 설명할 수 없는 일도 있지만, 우리는 의심하고 또 의심해야 합니다."

"무슨 말이야? 그럼, 유령이 아니라 이데아 때문이라고?"

"아무래도 중력 이데아가 관련된 것으로 보입니다."

마 회장은 레드의 귓가에 재빨리 속삭였다.

"중력이 뭐야?"

레드가 말했다.

"중력은 질량을 가진 물체가 서로를 잡아당기는 힘입니다. 지구 위의 물체와 지구 사이에도 중력이 작용하는데, 그 힘이 지구 중심을 향하기 때문에 저희가 지구의 모든 곳에서 땅 위에 바로 서 있을 수 있는 겁니다."

마 회장은 윤기 흐르는 털코트를 쓰다듬으며 생각에 잠겼다. 그 집에서 벌어지는 해괴한 일들이 정말로 중력 이데아 때문이라면? 중력 이데아를 차지한다면 우주 탐사에서도 요긴하게 쓰일 것이다.

이룩한 박사도 마 회장과 같은 생각을 하고 있었다.

"중력 이데아를 이용해 중력을 다스릴 수 있다면 우주 탐사가 훨씬 쉬워질 겁니다. 예를 들어, 달의 중력은 지구 중력의 6분의 1 정도라 몸이 둥둥 떠오르는 수준이지만, 목성 같은 천체는 중력이 엄청나게 강해서 인간이 허리를 펴고 서 있기가 힘들 정도거든요."

잘됐군. 어이, 너희들.
그 집에서 이데아를 잡아 와!
지금까지
뭘 들으셨습니까!
이데아가 아니라
유령이라니까요!
사람들도 너무 많습니다.
요리 똥손 김상욱 박사와
꼬맹이들까지 설치고
다닌다고요.
야! 요리 똥손은 아니야.
이번 떡볶이는 맛있었잖아.
촤락
훗
맨날
먹고 싶어.
맞아,
꿀맛이었어!
낼름

이룩한 박사가 말했다.

"이데아의 특성을 잘 아는 제가 조사해 보면 좋겠지만, 아시다시피 저는 함부로 모습을 드러낼 수 없습니다. 김상욱 박사는 제가 납치되었다고 굳게 믿고 있을 테니까요."

마 회장이 동의했다.

"그건 그래. 그러면 내가……."

레드가 다급히 끼어들었다.

"회장님은 너무 유명하셔서 안 됩니다. 저 녀석들은 못 미더우니 김상욱 박사와 꼬맹이들을 이용하는 게 좋겠습니다. 그 집에 이데아가 있다고 판단했다면 김상욱 박사도 분명히 다시 나타날 겁니다. 그들이 뭘 하는지 가까이에서 감시해 보시죠."

레드의 말이 끝나자마자 블랙과 화이트가 아우성쳤다.

"다들 조용히 해!"

세 비서들의 말다툼에 마 회장이 발을 구르며 소리쳤다.

"이봐! 너희들! 사람들이 바글거려서 힘들다고 했지?"

마 회장은 구석에 숨겨진 금고를 열었다. 금고 안에는 어마어마한 지폐 더미가 들어 있었다.

"내가 이 세상 최고의 명언을 알려주지. 돈으로 안 되는 일은 없다!"

마 회장이 지폐를 블랙과 화이트 머리 위에 뿌렸다. 블랙과 화이트는 팔짝팔짝 뛰어다니며 지폐를 주웠다.

이 모습을 지켜보던 이룩한 박사는 두 손을 모았다.

② 로켓의 원리

오늘의 연구 대상

마두식 회장은 과학에 대해서는
아무것도 모르는 것 같아.
로켓을 쏘아 올리는 게 얼마나 힘든데.

오늘의 일지

로켓의 구조

로켓은 크게 탑재체, 연료, 엔진, 이렇게 세 부분으로 이루어져 있어. 탑재체는 로켓의 뾰족한 끝부분에 실려. 무엇을 싣고, 어떤 목적으로 사용하는지에 따라 미사일이 되기도 하고, 우주발사체가 되기도 하지. 연료는 로켓에서 가장 많은 부분을 차지하는데, 물, 기름, 가스, 화약 등을 사용하지. 엔진은 로켓의 빠른 속력을 만들어내는 중요한 부분이야. 어떻게 빠른 속력을 내는지 함께 알아볼까?

저~ 멀리 날아가는
로켓을 보면
멋있지 않니?

우주로 날아가는 로켓은 얼마나 빠를까?

로켓이 지구 표면을 출발해서 우주로 가기 위해서는 매우 빠른 속력이 필요해. 그렇다면 발사된 로켓이 지구에 떨어지지 않고 지구 주위를 돌려면 얼마나 빨라야 할까? 지구로 다시 돌아오지 않으려면? 태양계를 벗어나려면? 각각의 속력을 우리는 제1우주속도, 제2우주속도, 제3우주속도라고 불러.

제1우주속도	초속 7.9킬로미터	지구 표면을 스치듯이 돌기 위한 속도
제2우주속도	초속 11.2킬로미터	지구 중력을 벗어나 태양 주위를 도는 속도
제3우주속도	초속 16.7킬로미터	태양계를 탈출하기 위한 속도

가장 빠른 자동차가 기껏해야 초속 0.1킬로미터 정도니까 로켓이 얼마나 빠른지 상상하기 힘들 거야!

로켓이 쏘아 올려지는 원리

로켓이 우주를 향해 빠른 속력으로 나갈 수 있는 비결은 바로 엔진에 있어. 엔진의 아주 작은 구멍으로 가스를 매우 빠르게 뒤로 내뿜으면 그와 동시에 로켓은 앞으로 나아가지. 매우 미끄러운 곳에서 바퀴가 달린 의자에 앉아서 공을 던지면, 의자가 공을 던진 반대 방향으로 움직이는 것과 같은 원리야.

물체를 빠르게 던질수록, 또는 던지는 물체가 무거울수록 더 빠른 속력으로 움직일 수 있지. 수십 톤에 이르는 로켓이 빠른 속력을 얻으려면 가스를 얼마나 빠르게 분사해야 하는지 상상이 되니? 마 회장이 이 데아를 탐내는 게 이해가 되지?

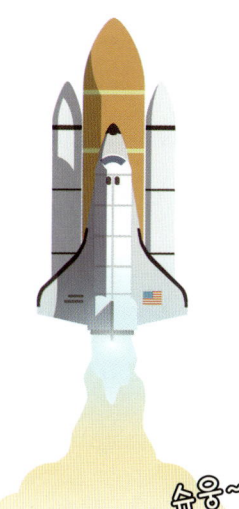

오늘의 연구 결과

로켓을 우주로 보내기 위해서는 큰 힘이 필요해!

 마두식 회장의 수조에 갇힌 생명체는 대체 뭘까?

3

사건 속으로 한 발짝!

"어서 오세요!"

김상욱 아저씨와 아이들은 현관 앞에 선 두 남자를 멀뚱멀뚱 바라봤다. 블랙과 화이트는 정체를 들키지 않기 위해 변장을 하고 있었다. 이들이 요즘 한창 뉴스에서 떠들어대는 마두식 회장의 부하들이라는 사실을 김상욱 아저씨와 아이들은 조금도 상상하지 못했다.

김상욱 아저씨가 난처한 얼굴로 말했다.

"주인이 계시는지도 모르고 불쑥 찾아와서 죄송합니다. 저희는…… 유령 사냥꾼입니다! 실례지만 집을 둘러봐도 될까요? 혹시 유령이 있기라도 하면 지내기 힘드실 테니까요."

블랙과 화이트는 다시 어색한 웃음을 터뜨렸다.

"귀여운 학생들까지 왔으니 마음껏 보세요, 하하하!"

"유령이 나타나면 꼭 알려주시고요, 하하하!"

건우와 해나가 김상욱 아저씨의 옆구리를 찔렀다.

어제 한바탕 난리가 벌어졌던 거실은 잠잠했다. 김상욱 아저씨와 아이들은 여기저기 흩어져 거실 구석구석을 다시 한번 샅샅이 살폈지만, 여전히 아무것도 발견하지 못했다.

이 모습을 뒤에서 빠짐없이 지켜보던 블랙과 화이트도 소득이 없기는 마찬가지였다.

거실에서 아무것도 발견하지 못한 김상욱 아저씨가 태리와 해나를 이끌고 주방 쪽으로 방향을 틀었을 때였다. 뒤쪽에서 달그락거리는 이상한 소리가 들려왔다.

소리가 나는 방향 쪽으로 고개를 돌리자 우스꽝스러운 모습의 건우가 보였다. 건우는 언제, 어디에서부터 챙겨 왔는지 모를 몸통 보호대, 십자가 목걸이 차림에 기다란 장난감 칼까지 들고 있었다.

블랙과 화이트는 김상욱 아저씨와 아이들을 귀찮을 만큼 졸졸 따라다녔다. 아저씨는 두 사람을 피해 아이들에게 속삭였다.
"루그는 잊어버려. 중력 이데아는 아주 작을지도 몰라."
주방에는 많은 가구와 주방 기구들이 있었다. 김상욱 아저씨와 아이들은 흩어져서 서랍장을 하나씩 열어 보고, 냉장고 안도 샅샅이 살폈다. 가스레인지 위에 놓인 주전자와 찬장 안까지 들여다봤지만, 수상한 형체는 어디에도 보이지 않았다.

김상욱 아저씨는 조금씩 초조해졌다. 이데아에 대한 단서가 전혀 없다. 이룩한 박사가 있었더라면 중력 이데아가 어떤 모습이고 어떤 특징을 가지고 있는지 알아낼 수 있었을 텐데.

게다가 빛의 이데아 루그는 햇빛 마을 이곳저곳을 제멋대로 돌아다녔다. 이 집에서 말썽을 부렸던 존재가 중력 이데아가 맞다고 하더라도 이미 다른 곳으로 가 버렸을지도 모른다.

김상욱 아저씨와 아이들의 눈이 마주쳤다. 아이들은 실망한 얼굴로 고개를 흔들었다. 하지만 여기서 멈출 수는 없다. 김상욱 아저씨는 마음을 다잡고 졸졸 따라다니는 집주인들을 향해 몸을 돌렸다.

"죄송하지만 서재를 봐도 될까요?"

"그럼요. 실컷 보시라니까요?"

해나는 집주인들을 수상한 눈초리로 훑었다. 이상하리만큼 친절하고 계속 수상하게 따라다닌다.

저 사람들을 어디서 봤더라.

김상욱 아저씨는 이데아를 찾아야 한다는 초조함 때문에 집주인들에게는 아무 관심이 없어 보였다.

김상욱 아저씨 일행은 주방을 나와 서재로 향했다. 서재 문을 열자마자 해나가 탄성을 질렀다.

"우아!"

서재는 들어가자마자 창문이 보였고 그 앞에 책상이 놓여 있었다. 양옆으로 천장까지 닿아 있는 책장에는 높은 곳에 있는 책들을 쉽게 뺄 수 있는 사다리가 걸쳐져 있었다. 창문으로 보이는 바깥 풍경은 어제처럼 비가 쏟아질 듯 우중충했다.

해나는 책장 쪽으로 쪼르르 달려가 어떤 책들이 꽂혀 있는지 눈을 반짝이며 구경했다. 건우가 입이 찢어져라 하품을 했다.

김상욱 아저씨와 아이들은 책상 서랍, 책장 구석구석, 탁자 밑 등을 뒤졌지만 이데아는 없었다.

책이 한두 권이 아닌데….

태리가 한숨을 쉬었다.

"설마 책 사이에 숨은 건 아니겠죠? 이 많은 책을 다 펼쳐 볼 수도 없고."

해나가 말했다.

그럼 도저히 찾을 방법이 없는데.

"혹시 중력 이데아도 루그처럼 몸이 투명해지는 능력이 있지는 않을까요?"

"루그의 몸이 투명해졌던 건 루그가 빛의 이데아였기 때문……."

김상욱 아저씨는 입을 다물었다. 해나 말대로 중력 이데아에게도 어떤 특성이 있을지 모른다. 아무 정보도 없는 지금의 상황이 다시 한번 가슴을 짓눌렀다. 김상욱 아저씨와 아이들은 결국 빈손으로 서재를 빠져나왔다.

그때였다.

서재에서 나는 이상한 소리에 태리가 고개를 돌렸다.

저기 좀 보세요! 바닥, 바닥이…!

태리의 외침에 모두가 서재 쪽으로 고개를 돌렸다. 묵직한 탁자가 놓여 있던 서재의 가운데 부분이 움푹 꺼져 있었다. 마치 단단한 바닥이 갑자기 얇은 천으로 변한 듯했다. 가운데가 움푹 들어간 바닥은 주변에 있던 물체들에도 영향을 미쳤다. 맨 먼저 탁자 옆에 놓여 있던 일인용 소파들이 탁자를 향해 미끄러지기 시작했다. 창가에 있던 책상도 탁자를 향해 움직였다.

김상욱 아저씨와 아이들은 다급하게 주변을 살폈지만, 이데아는 보이지 않았다.

건우가 아저씨의 팔을 흔들었다.

"뭐예요? 어떻게 된 거예요?"

"아인슈타인이라는 물리학자는 중력이 생기는 원인을 설명하면서 질량이 있는 물체는 주변 공간에 영향을 미친다고 했어. 아, 신기해라!"

"아니. 그게 아니라 유령이냐고요, 이데아냐고요!"

"도대체 똑같은 말을 몇 번이나 해야겠니? 세상에 유령은 없다고!"

그 순간, 어제 들었던 울음소리가 귓가를 때렸다.

스흐흑, 스흐흐흑, 스사사사샹

 지난번에는 고성능 녹음기에만 감지될 정도로 작은 정체불명의 소리였지만, 이번에는 모두의 귀에 똑똑히 들릴 정도로 크고 선명했다. 김상욱 아저씨와 아이들은 소리의 근원지를 찾아 주변을 두리번거렸다.

 그때, 섬뜩한 울음소리도 모자라 엄청난 천둥소리가 울려 퍼지며 장대비가 쏟아지기 시작했다. 서재의 가구들은 여전히 중심을 향해 미끄러지고 있었고, 이제는 거대한 책장들까지 요동치고 있었다. 김상욱 아저씨가 아이들을 밀었다.

 "위험해, 일단 다른 곳으로 가자!"

 건우가 외쳤다.

 "이래도 유령이 아니라고 하실래요?"

 태리도 오들오들 떨며 말했다.

 "저도 이데아는 아닌 것 같아요. 중력에 관한 이상한 현상들이 벌어진 건 사실이지만 아무것도 못 찾았잖아요. 벌써 다 뒤져 봤다고요!"

해나가 말했다.

"다 뒤져 본 건 아니지. 2층은 안 봤음."

김상욱 아저씨가 주변을 둘러봤다.

"집주인들은 어디 갔니?"

아저씨와 아이들은 복도에 난 창문으로 바깥을 살폈다. 두 사람이 탄 차는 비를 흠씬 맞으며 대문을 빠져나가고 있었다.

태리가 안타까워하며 말했다.

"어떡하죠? 이 집을 산 걸 분명히 후회할 거예요."

"어쨌든 당분간은 안 돌아올 거야. 얘들아, 아까 그 울음소리가 어디에서 들린 것 같니? 난 위쪽에서 들렸는데."

"저희도요."

"좋아. 이제 2층을 살펴보자."

건우가 질색하며 말했다.

"싫어요! 2층에서 무슨 일이 생길 줄 알고요! 아저씨 말대로 이데아가 있더라도 엄청 무시무시한 녀석일 거예요. 제가 루그 때문에 우주까지 날아갈 뻔했던 일 기억 안 나세요?"

해나가 말했다.

"그건 네가 루그한테 돌을 던졌기 때문이었지."

김상욱 아저씨가 단호하게 말했다.

"그래. 무서운 사람은 나가도 좋아. 어른이 돼서 아이들을 위험에 빠뜨릴 수는 없지. 하지만 따라올 사람은 말리지 않겠다!"

아저씨는 씩씩하게 계단을 올라가기 시작했지만, 곧 아이들을 향해 애처로운 눈빛을 발사했다.

해나가 한숨을 쉬었다.

"나는 궁금해서 간다."

건우가 태리의 팔을 잡아끌었다.

"우리는 그냥 가자, 응?"

"나도 무섭긴 하지만 의리를 지켜야지. 아저씨, 같이 가요!"

태리도 계단을 성큼성큼 뛰어 올라갔다.

서늘한 공기가 홀로 남은 건우를 감쌌다. 시커먼 하늘은 천둥소리를 토해 내며 여전히 엄청난 비를 퍼부었다. 건우는 잠시 생각했다. 혼자 집까지 가는 게 무서울까, 친구들과 함께 있는 게 무서울까.

"에이, 모르겠다. 나도 같이 가!"

서재에서는 여전히 가구들이 부딪치는 둔탁한 소리가 들려오고 있었다.

3 뉴턴의 중력과 아인슈타인의 중력

오늘의 연구 대상

서재 바닥이 움푹 들어가더니
주변 공간에 영향을 미치기 시작했어!

중력의 정체에 대해 알아보자!

오늘의 일지

뉴턴의 중력

뉴턴은 중력을 **물체 사이에서 일어나는 힘에 집중**해서 설명했어. 그리고 **모든 물체 사이에는 서로 잡아당기는 힘이 작용**한다고 봤지. 우리는 이걸 **'만유인력의 법칙'**이라고 불러.

만유인력의 법칙에 따르면 물체 사이의 힘은 물체의 질량이 클수록, 거리가 가까울수록 강해진단다. 반대로 물체의 질량이 작을수록, 거리가 멀수록 약해져.

어렵지 않으니까 차근차근 배워보자!

아인슈타인의 중력

아인슈타인은 **물체가 공간에 주는 영향**에 집중해서 중력을 설명했어. 질량을 가진 모든 물체는 주변 시공간을 왜곡시키는데, 이렇게 **왜곡된 시공간이 주변 물체에 영향을 주는 것**이 바로 '중력'이라고 본 것이지.

서재에서는 주변의 물체에 비해 무거운 질량을 가진 탁자가 바닥을 움푹 꺼지게 만들어 공간을 왜곡시켰는데, 탁자보다 가벼운 질량을 가진 소파와 책상이 바닥이 움푹 꺼진 탁자 쪽으로 움직였어.

질량을 가진 물체는 주변의 시공간을 왜곡시켜.

무거운 질량을 가진 물체에 의해 왜곡된 시공간은 가벼운 질량을 가진 물체의 움직임에 영향을 줘.

뉴턴 vs 아인슈타인

뉴턴은 물체들이 서로 직접 영향을 주고 받는다고 했지만, '어떻게' 영향을 주고 받는지는 알아내지 못했어. 아인슈타인은 바로 이 '어떻게'를 알아낸 거야. 물체에 의해 왜곡된 시공간이 다른 물체에 영향을 미친다는 걸 말이지.

그렇다고 해서 뉴턴의 이론이 아예 틀린 것은 아니야. 하늘을 나는 새, 힘껏 던진 야구공 같은 **일상에서 일어나는 대부분의 움직임들은 뉴턴의 이론으로 모두 설명**할 수 있어. 하지만 **아주 빠르게 움직이는 물체에서의 시간, 엄청나게 무거운 천체 주위에서의 빛의 움직임 등은 오직 아인슈타인의 이론으로만 설명**할 수 있지.

오늘의 연구 결과

뉴턴과 아인슈타인, 중력의 정체를 밝히다!

 2층에서는 또 무슨 일이 일어날까? 한번 올라가 보자!

4

2층에서는 무슨 일이?

태리가 해나의 팔짱을 꼈다.

"아저씨랑 건우는 왼쪽 방들을 살펴보세요. 저희는 오른쪽 방들을 볼게요."

"좋아, 흩어지자!"

김상욱 아저씨와 건우는 가까운 방부터 들어갔다. 손님이 머무르는 용도로 쓰이는 듯한 방이었다. 작은 침대와 일인용 소파 등 소형 가구들이 눈에 띄었다. 두 사람은 창문을 거세게 두드리는 빗소리를 들으며 온 방을 뒤져봤지만 이데아는 없었다.

"아저씨, 놀이공원 유령의 집 가 본 적 있어요?"

"또 유령 얘기니? 뭐, 가 본 적은 있지."

아저씨는 유령의 집에 갔었던 기억을 떠올렸다. 어둠 속에서 갑자기 튀어나온 피에로 때문에 눈물 콧물 범벅이 되어 빠져나왔던, 다시는 떠올리고 싶지 않은 기억이었다.

"어땠어요? 무서웠어요?"

"흥, 냉철한 지성으로 무장한 나 같은 과학자가 유령의 집이 무서웠겠니? 그 얘기는 됐고, 여기도 아닌 것 같다. 두 번째 방으로 가 보자."

두 번째 방은 아이의 방이었다. 새파란 벽지가 붙어 있고, 침대에는 행성과 별들이 그려진 이불이 깔려 있었다. 옷가지만 챙겨서 급하게 떠났다더니 장식장에는 공룡 피규어, 로봇, 인형 같은 손때 묻은 장난감들이 그대로 남아 있었다.

김상욱 아저씨는 손전등으로 침대 밑을 힘겹게 비춰 봤지만, 건우는 나 몰라라 장난감을 갖고 노느라 정신이 없었다.

"장난감만 봤겠지! 가서 옷장이라도 열어 봐."

건우는 아쉬운 얼굴로 공룡 피규어를 내려놓고 옷장 쪽으로 걸어갔다.

"근데요, 아저씨. 저 아까부터 머리 아파요. 속도 안 좋고."

건우는 앓는 소리와 함께 침대에 털썩 주저앉았다.

김상욱 아저씨는 이 모습을 보고 잔소리를 한바탕 퍼부으려 했지만 이내 자신도 속이 메슥거린다는 걸 느꼈다. 흔들리는 차에서 멀미를 할 때처럼 머리도 어지러웠다. 정신을 차리려고 고개를 세차게 흔드는 그때, 갑자기 건우가 비명을 질렀다.

"으악!"

"왜 그래!"

김상욱 아저씨는 건우보다 더 큰 비명을 지르며 도망치려 했지만 몸이 뜻대로 움직이지 않았다. 바닥에 발이 닿지 않는가 싶더니 이내 몸이 풍선처럼 떠올랐다. 어느새 방 안에 있던 장난감들도 모두 허공에 떠올라 있었다. 건우도 둥둥 떠오른 채 두 팔을 허우적거리며 소리를 꽥꽥 질렀다.

"조용히 좀 해. 가뜩이나 머리 아픈데 너 때문에 귀청까지 찢어지겠다!"

"아저씨도 아까 소리 질렀거든요? 이래도 이데아가 한 짓이라고 우기실래요? 이데아가 어디 있는데요!"

"너, 달에 간 우주인들이 걷는 모습 본 적 있니? 우주선에 탑승한 우주 비행사들은?"

"당연하죠. 텔레비전에서 봤어요."

"우주선에서는 중력이 거의 없기 때문에 몸이 위로 떠올라. 이 방도 중력이 약해서 우리 몸이 떠오르는 거야."

"그럼, 슈퍼맨 놀이 할 수 있겠네요!"

건우는 두 발로 벽을 밀어내며 슈퍼맨처럼 팔을 뻗기도 하고, 떠다니는 장난감들 속에서 공중제비를 돌기도 했다.

"아저씨도 해 봐요! 진짜 재밌어요!"

아저씨는 한심하다는 얼굴로 건우를 지켜보다가 결국 마음을 바꿨다.

그래. 내가 언제 무중력 상태에 놓여 보겠어.

김상욱 아저씨와 건우는 방을 떠다니며 한동안 무중력 상태를 만끽했다. 하지만 둘의 즐거움은 오래가지 못했다. 머리가 붓는 느낌과 함께 금세라도 토할 것 같은 기분이 들었다.

건우가 몸을 간신히 똑바로 세우며 물었다.

"글쎄. 앞으로 어떤 일이 생길지는 아무도 모르지. 앗, 차가워!"

해나의 머리 위로 물방울이 다시 한번 떨어졌다. 천장 곳곳의 젖은 자국은 아까보다 훨씬 넓어져 있었다.

아이들 중 가장 참을성 많은 해나였지만, 해나도 점점 지루해지고 있었다. 마지막 방에서는 이데아든 유령이든 뭔가가 모습을 드러내길 바랄 뿐이었다.

"자, 마지막 방이나 열어 보자."

문고리를 힘차게 잡아당기자 상큼한 비누 냄새가 태리와 해나의 콧속에 밀려들었다. 이 방은 집을 유지하고 보수하는 데 쓰는 온갖 잡동사니들을 모아 놓은 창고였다. 다양한 청소용품들부터 생수, 페인트 통, 휴지, 사다리 등이 보였다. 하지만 평범한 모습은 아니었다. 수많은 물건들이 모두 천장에 빽빽이 들러붙어 있었기 때문이다. 심지어 물건들이 놓여 있던 선반까지도. 마치 거꾸로 뒤집힌 방을 보는 듯했다.

그 사이, 복도 쪽에서 물건들이 우당탕 떨어지는 소리가 들렸다. 곧이어 김상욱 아저씨와 건우가 비틀거리며 걸어 나왔다.

"왜 안 들어가고 서 있어? 이데아라도 찾았니?"

태리와 해나가 천장을 가리켰다. 김상욱 아저씨의 입에서 짧은 탄식이 터졌다. 혹시나 싶어 천장을 유심히 바라보았지만, 천장에 물건을 끌어당기는 특별한 장치 따위는 보이지 않았다.

"이 창고에서도 중력이 엉뚱하게 작용하고 있어. 물건들이 천장에 모조리 붙은 걸 보면 천장 쪽의 중력이 바닥보다 강하다는 뜻이지."

김상욱 아저씨의 설명에 해나가 물었다.

"저 물건들 속에 이데아가 숨어 있지는 않을까요?"

"글쎄. 이렇게 봐서는 모르겠는데."

순간, 건우의 얼굴에 장난기가 어렸다.

김상욱 아저씨의 몸이 순식간에 허공으로 떠오르더니 공중 제비를 돌며 천장에 발을 디뎠다. 물건들과 함께 거꾸로 선 김상욱 아저씨를 보며 태리가 해맑게 외쳤다.

스흐흑, 스흐흐흑, 스사사사삭!

그 순간, 어딘가에서 소름 끼치는 울음소리가 또다시 들려왔다. 이번에는 훨씬 더 생생하고 또렷한 소리가 아이들의 귀에 꽂혔다. 팔다리에는 소름이 돋았고 등에서는 땀이 배어 나왔다. 김상욱 아저씨가 팔을 허우적거리며 소리쳤다.

김상욱 아저씨와 아이들은 한데 뒤엉켜 복도에 쓰러졌다. 김상욱 아저씨가 방에서 빠져나오자마자 천장에 붙어 있던 온갖 잡동사니들도 요란한 소리를 내며 바닥으로 떨어졌다.

"내 칼이 쓸모 있을 줄 알았어."

건우가 으스대자 해나가 말했다.

"아저씨를 창고에 밀어 버린 건 너거든?"

김상욱 아저씨는 눈을 껌벅이며 천장을 올려다봤다. 그렇게 사랑하는 우주의 별들이 눈앞에서 둥둥 떠다니는 것 같았다.

김상욱 아저씨의 말대로 천장에 작은 하얀색 고리가 달려 있었다.
해나가 눈을 가늘게 떴다.
"기다리세요. 필요한 물건을 창고에서 봤어요."
해나는 엉망진창이 된 창고에서 물건들을 헤치며 긴 나무 막대기를 찾아냈다. 막대기 끝에는 작은 갈고리가 달려 있었다.

막대기를 뻗어 갈고리를 천장에 붙은 고리에 걸고 잡아당기자 위에서 접이식 사다리가 내려왔다.

건우의 입이 쩍하고 벌어졌다.

"이건 또 뭐래?"

해나가 말했다.

"안 찾아본 곳이 또 있었네."

④ 우주에 가면 벌어지는 일

> **오늘의 연구 대상**

건무와 함께 공중에서 신나게 놀았어.
하지만 재밌는 것도 잠시, 몸이 이상해졌지.
중력이 없는 우주에 가면 어떤 일들이 벌어질까?

> **오늘의 일지**

국제 우주 정거장에서의 중력

우리는 태어나면서부터 중력의 영향을 받으면서 살고 있어. 중력이 없거나 훨씬 강한 곳에 가면 우리 몸에도 많은 일이 일어날 거야.

그 중에서 지구 주위를 빙글빙글 돌고 있는 국제 우주 정거장은 매우 신기한 곳이야. 달처럼 지구를 향해서 계속 떨어지고 있어서 그 안에 있는 **사람은 둥둥 떠다니게 되지. 물방울도 동그란 공 모양으로 공중을 날아다녀.** 맞아! 국제 우주 정거장은 거의 무중력 상태야.

어지러워! 우주 멀미

귓속에는 몸의 **평형상태를 감지하는 감각 기관인 전정 기관**이 있어. 전정 기관 내부에는 이석이 있는데, 중력이 이석을 바닥 쪽으로 잡아당기고 있지. **우리가 몸을 움직이면 중력에 의해 이석이 움직이고, 이 움직임에 따라 위치 감각을 파악할 수 있는 거야.**

하지만 중력에 변화가 생기면 어떻게 될까? 중력이 약해지거나 사라지면 이석이 계속 떠다니게 되어서 우리 몸이 어떻게 움직이고 있는지 알 수 없게 되지. 그래서 중력이 매우 약한 **우주에 가면 감각에 혼란이 와서 멀미를 겪을 수 있어.**

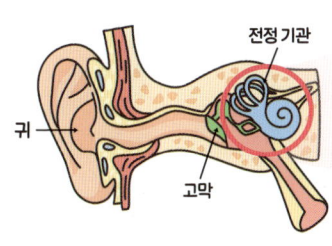
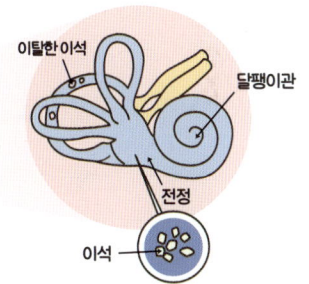

중력에 의한 신체의 변화

우리의 **척추는 살짝 굽어있어.** 지구의 중력을 버티기 위해서지. 척추가 곧게 서 있다면 지구의 중력을 버티기 쉽지 않을 거야. **다리 근육이 발달하고 발가락이 손가락에 비해 짧은 것도** 모두 지구의 중력에 잘 적응한 자연스러운 변화지.

목성처럼 중력이 매우 강한 곳에 가면 어떻게 될까? 우리는 허리를 꼿꼿이 펴고 있기조차 매우 힘들 거야. 자세는 매우 구부정해지고 다리를 드는 것도 힘들걸? 물론 목성은 기체로 되어 있어서 서 있지 못하겠지만.

달에서는 어떻게 될까? 중력이 상대적으로 약한 달에서는 오히려 척추가 살짝 펴지고 뼈 사이의 간격도 약간 늘어나서 키가 커질 거야.

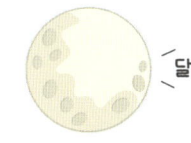

오늘의 연구 결과

우주에 가면 몸이 둥둥 뜨고, 멀미가 날 수 있어.

아직도 안 가본 곳이 있었다니. 다락방에는 뭐가 있을까?

5

실망한 마 회장과 뜻밖의 발견

"너희를 믿은 내가 바보지. 도망쳐 왔다고? 제정신이야!"

블랙과 화이트의 얼굴 위로 마 회장의 침방울이 사정없이 튀었다. 블랙과 화이트는 앞다투어 변명을 늘어놓았다.

"이데아가 아니라 유령이었습니다."

"맞아요. 그 소름 끼치는 울음소리를 들어 보셨어야 해요!"

이룩한 박사가 물었다.

"김상욱 박사와 아이들은?"

블랙과 화이트는 재빨리 서로의 눈치를 흘끔거렸다. 아직 그 집에 있다고 말했다가는 마 회장에게 엄청나게 혼이 날 테니까.

"다들 도망갔습니다!"

"기절한 김상욱 박사를 꼬맹이들이 질질 끌고 갔다니까요?"

마 회장의 얼굴은 잔뜩 구겨져 있었다. 조금 전까지만 해도, 중력 이데아를 요리조리 써먹는 행복한 상상을 하고 있었다.

이룩한 박사가 말했다.

"김상욱 박사까지 도망쳤다니 그 집은 아닌가 보군요. 걱정 마십시오. 기회는 바람처럼 갑자기 찾아오는 법이니까요."

마 회장이 한숨을 쉬며 말했다.

"할 수 없군. 그 집은 이제 포기해."

블랙이 손을 번쩍 들었다.

"한 번은 다시 가야 합니다."

"왜!"

화이트가 귀엽게 웃었다.

"제 애착 피에로 인형을 두고 왔거든요."

모두의 따가운 눈총이 블랙과 화이트를 향해 다시 한번 꽂혔다.

> 유령의 집에서는….

　김상욱 아저씨와 아이들은 터질 듯한 심장 박동을 느끼며 뻥 뚫린 시커먼 공간을 올려다봤다. 튼튼한 목재 사다리가 바닥까지 닿아 있었지만 아무도 올라갈 엄두를 내지 못했다. 하지만 모두 같은 생각을 하고 있었다.
　중력 이데아가 있다면 바로 저 다락방에 숨어 있을 것이다!
　건우가 헛기침을 했다.
　"정말 가고 싶지만 고소공포증이 있어서 힘들겠네요. 올라가면 블랙홀 같은 게 펼쳐져 있을지도 모르고."

김상욱 아저씨가 콧방귀를 뀌었다.

"이 사다리 높이는 2미터도 안 되거든? 그리고 블랙홀이 뭔지는 아니?"

"한 번 들어가면 절대 못 빠져나오는 우주 소용돌이 같은 거 아니에요? 바로 내 매력같이~~~!"

태리가 손을 들었다.

"저는 갈래요! 고소공포증도 없어요!"

해나가 말했다.

"높이가 문제가 아니야. 다락방에 숨어서 집을 마음대로 주무르는 녀석이라면 엄청 포악할 거라고."

아이들의 이야기를 듣던 김상욱 아저씨는 결심한 듯 짧은 한숨을 내뱉었다. 그러고는 품속에 이데아 캔이 잘 있는지 확인하고 손전등을 켰다.
　"얘들아, 출발하자."
　사다리를 오르는 아저씨의 다리가 후들거렸다. 거칠거칠한 사다리를 꽉 붙잡은 태리와 해나의 손에도 땀이 배어났다. 2미터도 되지 않는 높이였지만 끝도 없이 높은 기분이었다.
　마침내 세 사람은 다락방 바닥에 발을 디뎠지만, 허리를 똑바로 펼 수가 없었다. 알 수 없는 힘이 바닥으로 팔다리를 강하게 끌어당기는 것 같았다.

아까보다 거세진 빗소리만 울려 퍼질 뿐, 다락방은 어둡고 고요했다. 무엇이 들어 있는지 알 수 없는 상자들과 거미줄이 드리워진 낡은 가구들이 보였다. 세 사람은 손전등과 휴대전화 불빛에 의지해 곳곳에 서 있는 대들보와 여기저기 생긴 작은 물웅덩이를 피하며 허리를 구부정하게 숙인 채 간신히 한 걸음을 뗐지만, 다들 금세 무릎을 꿇고 기어가는 자세가 됐다.

다락방에 들어오자 이상하리만큼 기침과 재채기가 나기 시작했다. 그 이유는 알 수 없었지만 어쨌든 김상욱 아저씨가 호기롭게 앞으로 나섰다. 하지만 아저씨는 좀처럼 움직일 생각을 하지 않았다.

무언가 이상함을 느낀 해나가 아저씨를 위아래로 훑었다.

"안 가세요?"

"몸이 안 움직여."

"에이~. 무서우면 무섭다고 솔직히 말씀하세요."

"진짜 안 움직인다고, 에취!"

해나도 기침을 콜록거리며 하얀 천 쪽으로 가 보려고 했지만 좀처럼 몸을 움직일 수가 없었다.

"저도 못 움직이겠어요. 왜 이러지?"

참다못한 태리가 말했다.

"아이, 진짜! 알았어요. 제가 갔다 올게요. 으아아!"

하지만 태리도 바닥에서 팔다리를 들어 올릴 수 없는 건 마찬가지였다. 세 사람은 마치 끈끈한 늪에 빠진 듯 자리에서 꼼짝도 하지 못한 채 두려움으로 벌벌 떨기만 했다.

어둠 속에서 두 개의 눈동자가 번쩍였다. 너무 무서워서 도망치고 싶은 마음뿐이었지만, 몸이 여전히 바닥에 붙은 채 옴짝달싹하지 않았다.

가장 먼저 정신을 차린 건 태리였다. 태리는 온 힘을 다해 무거운 팔을 바닥에서 들어 올렸다. 그리고 팔을 부들부들 떨며 휴대전화 불빛으로 의자를 비추었다.

낡은 나무 의자 밑에는 수달이나 해달을 닮은 생명체가 웅크리고 있었다. 중력 이데아였다! 하지만 자신의 모습을 뽐내기 바빴던 빛의 이데아 루그와는 어딘가 달랐다. 이 녀석은 오히려 김상욱 아저씨나 아이들보다도 훨씬 겁에 질린 얼굴이었다.

김상욱 아저씨는 서둘러 품속에서 이데아 캔을 꺼내려 했다. 하지만 여전히 팔을 들어올리기조차 힘들었다.

"이 다락방은 중력이 너무 강해. 그래서 우리가 바닥에서 꼼짝도 못하는 거야. 해나와 내가 계속 기침과 재채기를 했던 이유도 먼지들이 모조리 바닥에 붙어 있기 때문일 거야. 이곳에 오래 있으면 우리 몸이 박살 날지도 몰라!"

세 사람의 머릿속은 초조함으로 빠르게 굳어 갔다. 이데아에게 가까이 갈 수도 밖으로 나갈 수도 없는 상황이었다.

태리가 이데아를 향해 외쳤다.

"우리는 널 도와주러 온 거야! 내 옆에 있는 아저씨는 너 같은 이데아들을 지키는 과학자야!"

으아아아아아아앙!

자신에게 다가오려고 애쓰는 태리를 본 이데아가 울음을 터뜨리기 시작했다. 지금까지의 어떤 울음소리보다도 큰 소리였다.

그 순간, 중력이 약해지면서 모두의 몸이 위로 튀어 올랐다.

김상욱 아저씨가 해나와 태리를 재빨리 잡아끌었다.
"내려가자! 중력이 또 강해지기 전에 나가야 해!"
바닥에 앉아 한가롭게 코를 파던 건우가 정신없이 사다리를 내려오는 김상욱 아저씨와 친구들을 보며 물었다.
"거봐요, 유령이죠? 내 말이 맞죠?"

다시, 떡볶이집

김상욱 아저씨가 지친 몸을 이끌고 떡볶이를 만드는 동안 아이들은 탁자에 앉아 이데아 도감을 펼쳤다. 이룩한 박사가 지하 연구실에 남기고 간, 이데아들에 대한 소중한 정보가 담긴 노트였지만 곳곳이 훼손되어 알아보기가 힘들었다.

해나가 말했다.

"루그를 잡았을 때를 떠올려 봐. 루그가 옥수수를 좋아한다는 정보가 도움이 됐잖아. 다락방에서 봤던 이데아가 있는지 찾아보자."

태리도 노트에 고개를 들이밀었다.

"음, 걔는 잘 울고, 겁이 많은 것 같았어."

이름 : 그라몽
키 / 몸무게 : 20센티미터 / 10킬로그램
특성 : 눈물이 많고 소심한 성격.
대부분 잠을 자지만 시끄러운 소리가 들리면
스트레스를 받으니 주의할 것.
주의 사항 : 미디어 캡은 반드시 조용한 곳에 보관할 것.
좋아하는 것 :

아이들의 한숨이 떡볶이 위로 쏟아졌다. 하필이면 가장 중요한 이데아가 좋아하는 것이 적혀 있는 부분이 찢어져 있었다.

예상대로 중력 이데아 그라몽은 겁이 많고 소심한 성격이었다. 이데아 캔에서 튀어나와 돌아다니다가 그 집 다락방에 숨은 모양이었다. 으스스한 울음소리도 사람들을 위협하기 위해서가 아니었다. 낯선 환경에 놓인 데다 밑에서 사람들의 소리까지 시끄럽게 들리니 겁에 질려서 운 것 같았다.

태리가 말했다.

"불쌍한 그라몽, 잠도 못 자고 얼마나 무서울까."

도대체 그라몽을 어떻게 잡아야 할까.

좋아하는 것도 모르는 데다 경계심도 강하니 의자 밖으로 유인하기는 힘들다. 태리가 달래보려 했지만 들을 생각도 하지 않았다. 게다가 그라몽이 있는 다락방은 중력이 강해서 한 걸음도 제대로 뗄 수가 없다.

아저씨의 말에 발끈한 건우가 춤을 추다 말고 소리쳤다.

"그럼 아저씨가 웃겨 봐요!"

"흥! 차라리 내가 낫겠다. 너희들, '물'이 영어로 뭔지 아니?"

"당연히 '워터'죠. 우리를 너무 무시하시네."

김상욱 아저씨는 씩 웃으며 건우의 눈앞에 검지를 흔들었다.

얼어붙었던 분위기를 깨고 해나가 말했다.

"자, 쉽게 생각해 보죠. 현재로선 그라몽을 의자 밖으로 나오게 할 방법은 없어요. 이데아 캔을 들고 가까이 가기란 더더욱 불가능하고요. 그렇다면 남은 방법은……."

해나의 말을 듣던 김상욱 아저씨는 고개를 끄덕이며 말했다.

"강제로 끄집어내는 수밖에."

말을 끝낸 아저씨는 어디론가 전화를 걸었다.

5. 블랙홀의 정체

오늘의 연구 대상

중력 이데아는 바로 다락방에 있었어!
그런데 중력이 너무 강해져서 꼼짝도 할 수 없었지.

중력이 매우 강해지면 어떻게 될까?

오늘의 일지

블랙홀, 넌 정체가 뭐니?

블랙홀이란 아주 좁은 곳에 매우 큰 질량이 모여 있는 천체야. 태양보다 무거운 천체들이 아주 작게 뭉쳐진 것이지. 질량이 아주 큰 만큼 중력도 엄청 크겠지? 따라서 블랙홀은 주변의 물체들을 모두 빨아들이고, 한번 블랙홀 안으로 들어가면 다시는 빠져나올 수 없어. **빛 조차 빠져 나올 수 없어서 검게 보이기 때문에 블랙홀**이라고 불리는 것이지.

블랙홀 근처로 너무 가까이 가지 않게 조심해~!

사건의 지평선 너머로~

빛은 매우 빠르기 때문에 웬만한 중력은 모두 이겨내고 움직일 수 있어. 하지만 이런 **빛조차 빨려 들어가서 빠져나갈 수 없는 블랙홀의 범위**를 '사건의 지평선'이라고 불러. 사건의 지평선의 범위는 블랙홀이 가진 질량에 따라 달라지는데, **질량이 커질수록 넓어지고 질량이 작아질수록 좁아지지.**

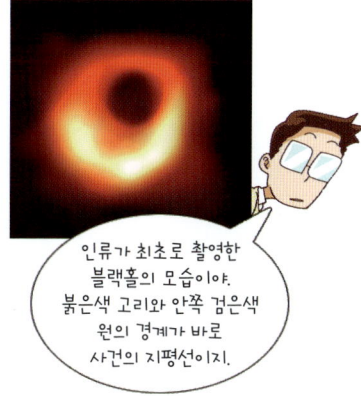

인류가 최초로 촬영한 블랙홀의 모습이야. 붉은색 고리와 안쪽 검은색 원의 경계가 바로 사건의 지평선이지.

블랙홀에 들어가면 어떻게 될까?

어떤 영화를 보면 블랙홀에 들어갔다가 시공간 여행을 하는 이야기가 나와. 정말 블랙홀을 통해서 시공간 여행을 할 수 있을까? 영화처럼만 된다면 너무 신기하겠지만, 답은 '아니다'야. 우리는 블랙홀에 발을 디디는 순간 온몸이 찢어지게 될 거야. 지금부터 그 이유를 설명해줄게.

뉴턴의 만유인력의 법칙에 따르면 중력의 세기는 거리가 가까울수록 강해지고, 거리가 멀어질수록 약해진다고 했지? 지구 정도의 중력이라면 머리 높이의 중력과 발의 높이의 중력에 큰 차이가 없어. 하지만 블랙홀은 달라. **블랙홀은 질량이 매우 크기 때문에 머리와 발 정도의 거리 차이여도 중력의 세기에 큰 차이가 생기지.**

즉, 블랙홀에 들어가게 되면 블랙홀의 중력이 가까이에 있는 발 쪽은 매우 강하게 잡아당기고 비교적 거리가 먼 머리 쪽은 상대적으로 약하게 잡아당겨서 점점 몸이 늘어나다가 길어지고, 결국에는 끊어지고 말 거야.

으악! 끔찍해!

오늘의 연구 결과

블랙홀에 들어가면 아무것도 빠져나올 수 없어!

내가 누구를 불렀는지 궁금하지?

우리들의 엉뚱한 작전

6

다음 날 오후, 소중한 피에로 인형을 챙겨 집을 떠나려던 블랙과 화이트는 갑자기 울린 초인종 소리에 정말이지 깜짝 놀랐다. 문을 열자 김상욱 아저씨와 아이들, 그리고 처음 보는 여자가 서 있었다. 블랙과 화이트는 억지로 입꼬리를 끌어올렸다.

김상욱 아저씨는 준비한 거짓말을 술술 늘어놓았다. 중력 이데아와 관련된 얘기는 할 수 없었기에, 다락방에는 유령이 있으며 유령을 잡으려면 2층 천장이 망가질 수도 있다는 이야기를 전했다.

블랙과 화이트의 눈동자가 흔들렸다. 당최 무슨 일이 벌어지는 건지 머리가 돌아가지 않았다.

"저희끼리 얘기 좀 해도 될까요?"

블랙과 화이트는 김상욱 아저씨 일행을 남겨 두고 거실로 후다닥 달려가 발을 동동 굴렀다.

"진짜 유령을 잡으러 왔나?"

"바보야, 김상욱 박사는 과학자잖아. 다락방에 이데아가 있나 본데."

"그럼 어떡해! 이데아는 없다고 회장님한테 큰소리쳤는데!"

"김상욱 박사가 이데아를 잡게 되면 또 혼날 텐데."

둘은 마두식 회장에게 눈물이 쏙 빠지도록 혼나는 모습을 떠올렸다. 얄미운 레드는 이때다 싶어 자신들을 더더욱 무시할 것이다. 마 회장에 대한 공포와 레드를 향한 분노가 동시에 밀려들었다.

"이데아를 잡게 해 주자."

"잡으면 우리가 가로채는 거야."

"그럼 회장님한테 칭찬받겠지? 신난다!"

"당연하지. 이 기회에 레드도 쫓아내자!"

"그럼 우리 세상이야. 야호!"

블랙과 화이트는 그들만의 나름대로 완벽한 계획을 세웠다.

다시 김상욱 아저씨 일행에게 돌아온 블랙과 화이트는 김상욱 아저씨 옆에 서 있는, 검은 선글라스를 쓰고 마르고 키가 큰 여자를 흘끔거렸다.

"저분은 누구죠?"

"아, 작업을 도와주실 분입니다. 공사…… 감독이라고나 할까요?"

화이트가 손목시계를 두드렸다.

"곧 외출해야 하니 최대한 빨리 끝내세요."

"천장 수리비도 청구하겠습니다."

해나가 책에서 눈을 떼고 말했다.

"유령을 잡아 주는데 수리비를 왜 우리가 내요?"

블랙과 화이트는 흥흥거리며 거실 쪽으로 사라졌다.

김상욱 아저씨의 다급한 외침에 벨라 요원은 다시 돌아섰다. 그리고 차갑고도 날카로운 말투로 말을 이어 나갔다. 마치 말 한마디 한마디가 화살처럼 김상욱 아저씨의 가슴에 강하게 박히는 것 같았다.

"이데아 관리는 박사님의 일입니다. 이번 일도 그중 하나겠죠. 아이들까지 끌어들였다는 걸 알고 협회에서 걱정이 큽니다. 잘 해결해서 모든 우려를 잠재우시길 바랍니다."

벨라 요원이 떠난 뒤, 김상욱 아저씨와 아이들은 상자에서 물품들을 꺼냈다.

공기를 채워야 하는 튜브 30개와 대형 접이식 풀장, 전동 공기 주입기, 스노클링 장비, 수영복, 접착제, 보안경, 쥐꼬리톱, 마스크.

그라몽 포획 대작전

1단계
튜브 30개에 공기를 채운 뒤, 접착제로 이어 붙여서 터널처럼 만든다.

2단계
튜브 터널을 2층 복도 창문을 통해 정원에 설치한 풀장까지 떨어뜨린다.

3단계
그라몽이 튜브 터널로 떨어질 수 있도록 다락방 아래 2층 복도 천장에 구멍을 뚫는다.

4단계
구멍으로 떨어진 그라몽은 튜브 터널을 지나 풀장 속으로 빠진다.

5단계
부력 때문에 중력이 약해진 그라몽을 이데아 캔으로 포획한다.

완벽해!

건우가 콧구멍을 후비며 말했다.

"천장 밑에서 이데아 캔을 들고 기다리면 되지 왜 이 고생을 해요?"

"그라몽이 주변의 중력을 강하게 하거나 무중력 상태로 만든다면 우리는 대응할 방법이 없어. 그라몽을 꼼짝 못하게 만드는 가장 좋은 방법은 물을 이용하는 것뿐이야. 무슨 일이 있어도 한 번에 성공해야 해. 실패하기라도 하면 그라몽은 더 강한 경계심을 품을 거야."

"천장 밑에 물을 채운 커다란 양동이를 놓으면 되잖아요."
해나가 말했다.

"어제 뭘 들었냐? 풀장에 가득 찬 물 정도는 돼야 얌전해질 텐데 다락방 아래 복도는 좁아서 풀장을 설치할 수 없잖아."

태리가 해맑게 말했다.

"물속에서는 중력이 없어진다니 신기해요!"

"물속에도 중력이 존재해. 하지만 중력과 반대 방향으로 작용하는 부력이 있지. 바다에 떠다니는 배를 생각해 봐. 엄청 무거워서 가라앉을 것 같은 배도 둥둥 떠다니잖니. 자, 과학 얘기는 나중에 하고 작업을 시작하자. 집에 사람이 있다는 걸 알면 그라몽이 또 울지도 모르니까 최대한 조용히!"

김상욱 아저씨와 아이들은 물품들을 가지고 2층으로 올라갔다. 우선 공기 주입기로 튜브 30개에 공기부터 넣기로 했다. 하지만 뜻밖의 문제는 스무 번째 튜브에 공기를 넣을 때 일어났다.

태리가 눈을 깜빡이며 울상을 지었다.

"왜 공기가 안 차지? 아저씨, 이거 고장 났나 봐요!"

김상욱 아저씨가 당황한 얼굴로 공기 주입기를 들여다봤다. 전원 코드를 뺐다 연결하고, 버튼을 다시 눌러 봐도 기계는 작동하지 않았다. 결국 창고에 있던 공구들로 기계를 분해했지만, 김상욱 아저씨의 얼굴은 점점 창백해졌다.

못하겠다….

아저씨의 이마에서 뚝뚝 떨어지기 시작한 땀을 보고 해나가 물었다.

"설마 못 고치시는 건 아니죠?"

"다시 조립을 못하겠어. 과학자라고 모든 기계를 고칠 수 있는 줄 아니? 안 되겠다, 얘들아. 입으로 불어!"

어제부터 철저하게 세운 계획이 1단계부터 무산될 위기에 처했다. 하지만 건우는 손 하나 까딱하기 싫은 것 같았다.

풀장 설치를 마친 두 사람이 다시 2층으로 올라가자 태리와 건우는 기진맥진해 있었다.

"해나야…… 교대해……."

태리는 말을 마치기도 전에 튜브 옆에 뻗어 버렸다. 그 와중에도 손가락으로 공기 주입구를 꽉 막고 있었다.

저쪽에서도 건우가 말했다.

"더 못하겠어요…… 내 캐릭터 카드……."

건우도 옆으로 털썩 쓰러지자 아저씨가 부리나케 달려가 건우 대신 공기를 불어 넣기 시작했다.

"해나야, 우리도 내기할까? 적게 부는 사람이 짜장면 쏘기!"

"아니요."

말은 그렇게 했지만 해나도 김상욱 아저씨의 속도를 흘끔거리며 힘차게 공기를 불어 넣기 시작했다.

 간신히 몸을 일으킨 김상욱 아저씨가 검지를 입에 대며 쉿, 소리를 냈다.

 "조용. 그라몽한테 들키겠다. 자, 나는 천장 뚫을 준비를 할 테니까 너희는 접착제로 튜브들을 연결해. 해나는 내가 천장 뚫는 일을 도와주고. 그다음에 태리는 이데아 캔을 들고 풀장에 들어가 있어. 물속에 빠진 그라몽을 캔 속에 넣는 거야. 건우는 튜브들에 문제가 생길지 모르니 잘 지켜보고."

태리와 건우가 튜브를 연결하는 동안 김상욱 아저씨는 접이식 사다리를 내리고 다락방 안을 흘끔 들여다봤다. 그라몽은 어제처럼 의자 밑에 웅크리고 있었다.

해나가 물었다.

"아직도 거기 있어요?"

"응, 의자 밑에서 자고 있어. 천장의 어느 위치를 뚫어야 하는지도 확인했고. 그라몽이 깰지도 모르니 얼른 서두르자."

127

임무를 완수한 태리가 말했다.

"저희는 이데아 캔을 가지고 아래로 내려갈게요."

김상욱 아저씨가 못 미덥다는 얼굴로 건우에게 말했다.

"네가 제일 걱정이다. 휴대전화로 게임 같은 거 하지 말고 돌발 상황이 생기는지 잘 지켜봐."

"참나, 아저씨나 잘하세요!"

수영복으로 갈아입은 태리는 이데아 캔을 들고 물속으로 들어갔고, 건우는 벌써 물총놀이를 준비하려는 듯 물총 네 개에 물을 가득 채웠다. 블랙과 화이트가 정원에 숨어 음흉한 눈빛을 주고받는 줄은 꿈에도 모른 채.

"내가 잘린 천장을 빼내자마자 튜브 터널을 갖다 대는 거야."
김상욱 아저씨가 쥐꼬리톱을 천장에 조심스레 찔러 넣었다.
"시작한다."

김상욱 아저씨는 해나가 초조한 눈빛으로 지켜보는 동안 천장에서 떨어지는 먼지를 맞으며 온 힘을 다 해 톱질을 하기 시작했다. 얼마나 지났을까. 다시는 듣고 싶지 않았던 울음소리가 머리 위에서 울려 퍼졌다.

6 중력에 의해 생기는 부력

> 오늘의 연구 대상

벨라 요원 덕분에 계획대로 준비를 마쳤어.
그런데 그라몽이 깨어난 것 같네.
부력을 어떻게 활용하는지 얼른 알아보자고.

> 오늘의 일지

중력을 거스르는 부력

왜 배는 물 위에 뜨고 헬륨 풍선은 하늘로 떠오르는 것일까? 지구에서는 중력이 작용하니까 물에 가라앉거나 땅으로 떨어져야 하는데 말이지.

그건 바로 부력 때문이야. **부력은 물이나 공기 중에서 중력과 반대 방향으로 밀어 올려지는 힘이야.** 사실은 중력에 의해 생기는 힘이지. 이게 대체 무슨 말이냐고? 지금부터 같이 알아보자.

중력이 없으면 부력도 사라진다는 것 기억해!

무거워도 뜰 수 있다!

분수대에서 동전을 던져본 적 있니? 물에 떨어진 동전은 물속으로 가라앉아. 그런데 동전보다 훨씬 크고 무거운 배는 바다 위를 아무렇지 않게 둥둥 떠다니지. 뭔가 이상하지 않니? 이건 바로 부력의 특성 때문이야. ==물체가 물속에서 공간을 많이 차지할수록 물체에 작용하는 부력은 커져.== 부력이 물체의 무게만큼 커져야 비로소 물 위에 뜰 수 있지. 그래서 ==아무리 무거운 물체라도 물에 잠기는 부분이 많아지도록 부피를 크게 만들면 충분히 물에 뜰 수 있어.==

가볍지만 부력이 작은 동전은 가라앉는다.

무겁지만 부력이 큰 배는 물 위에 뜬다.

다양한 곳에서 작용하는 부력

국제 우주 정거장 안에서는 부력이 작용할까? 먼저 부력이 있는지 확인하려면 컵에 물을 받아야 할 거야. 그런데 국제 우주 정거장에서는 컵에 물을 받으려고 하면 물이 동그란 공 모양으로 둥둥 떠다녀서 물에 다른 물체를 띄울 수가 없어. 물도 마음대로 둥둥 떠다니는 걸 보면, ==국제 우주 정거장 안에서는 부력이 작용하지 않는 거지.==

반면에 부력이 매우 크게 작용하는 곳도 있어. 바로 사해야. ==사해에는 다른 바다보다 소금이 훨씬 많이 녹아 있어서 같은 양의 물이라도 무게가 더 무겁지.== 그래서 사해에 가면 수영을 못해도 물에 쉽게 뜰 수 있어.

오늘의 연구 결과

중력을 거스르는 힘? 부력!

그래서 부력을 이용해 중력 이데아를 잡을 거야.

7

중력 이데아를 사수하라!

어느새 해나의 몸도 천장까지 떠올라 있었다. 해나는 천장에 발을 딛고 거꾸로 선 채 옆에 있던 튜브 터널을 잡았다. 김상욱 아저씨가 동그랗게 잘린 천장 부분을 손으로 받쳐 들었다.

"이제 뺀다, 하나, 둘, 셋!"

그라몽은 놀라운 속도로 튜브 터널을 타고 내려갔다. 중력을 강하게 하거나 약하게 조종할 여유 따위는 없었다. 그리고 마침내 태리가 기다리는 풀장 속으로 떨어졌다.

잠시 후, 그라몽은 물 위로 눈을 빼꼼 내밀었고, 태리와 눈이 마주쳤다. 그라몽이 분노하며 요동칠 줄 알았던 태리는 안도의 한숨을 내뱉었다. 그라몽은 겁에 질려 있었다.

태리는 그라몽에게 다정한 눈빛을 보내며 들고 있던 이데아 캔을 내밀었다. 그라몽의 표정에 오랜만에 자신의 안식처를 만난 안도감이 떠올랐다. 그러고는 빨리 안으로 들어가고 싶은 듯 팔을 휘저으며 태리 쪽으로 헤엄치기 시작했다. 태리도 그라몽을 향해 나아갔다.

태리가 캔 뚜껑을 시계 방향으로 돌려 열자 엄청난 빛과 함께 물이 소용돌이치며 그라몽이 안으로 빨려 들어갔다.

"잡았다!"

이데아 캔을 들어 올리며 태리가 일어섰다. 태리는 2층 복도 창문에서 자신을 지켜보던 김상욱 아저씨와 해나를 올려다보며 천진난만하게 이데아 캔을 흔들었다.

"이것 보세요! 성공이에요!"

하지만 김상욱 아저씨와 해나는 두 손을 내저으며 미친 듯이 소리를 지를 뿐이었다.

건우가 발사한 초강력 물총에 블랙과 화이트가 비명을 질렀다. 어느새 내려온 김상욱 아저씨와 해나도 물총을 집어 들고 블랙과 화이트를 향해 마구 발사했다.

이럴 수가.

그라몽을 잡기 위해 갖은 노력을 다했건만, 그라몽이 이데아 캔 밖으로 다시 튀어나왔다. 예상치 못한 광경에 다들 꼼짝도 못 한 채 그라몽을 바라봤다.

간신히 안정을 찾았던 그라몽의 입술이 씰룩이더니 커다란 눈에는 눈물이 차오르기 시작했다.

그때, 태리가 블랙과 화이트를 가리켰다.

 그라몽의 눈에서 다시 눈물이 터진 순간, 블랙과 화이트의 몸이 위로 떠올랐다. 보이지 않는 풍선들이 몸에 매달려 있는 것처럼.

 "도와줘! 내려줘!"

 "살려 줘요, 회장님! 레드!"

 기절해 있던 김상욱 아저씨는 간신히 눈을 떴다.

 "어떻게 된 거야……."

블랙과 화이트의 몸이 지붕을 넘어 날아가는 동안 그라몽은 다시 이데아 캔 속으로 들어갔다.

해나와 태리는 그라몽이 들어간 이데아 캔을 김상욱 아저씨의 품에 안겼다.

건우가 외쳤다.

"이번에도 성공이에요!"

김상욱 아저씨의 품 안에 있는 이데아 캔이 찬란하게 반짝였다.

김상욱 아저씨와 아이들은 따뜻한 김이 피어오르는 어묵탕을 떡볶이집 탁자에 놓고 모여 앉았다. 태리가 물었다.

"집주인들은 왜 이데아 캔을 훔치려고 했을까요? 진짜 이상한 사람들이라니까."

건우가 어묵을 우물거리며 말했다.

"그 사람들도 사실은 유령 사냥꾼이었던 거지. 우리가 유령을 잡았다고 생각하고 훔치려고 한 거야."

해나가 말했다.

"내가 그랬잖아. 뭔가 수상하다고."

김상욱 아저씨가 말했다.

"어쨌든 그라몽을 무사히 잡아서 다행이다. 두 번째 임무도 성공!"

건우가 김상욱 아저씨 옆구리를 찔렀다.

"다 제 덕분인 줄 아세요. 물총 좀 가져왔다고 그렇게 구박이시더니."

"그래, 이번만큼은 네 공로를 인정한다."

"캐릭터 카드 사 주기로 한 것도 잊지 마세요."

해나도 놓칠세라 말했다.

"저한테는 짜장면 쏘기로 하셨어요."

"그래그래, 알았어. 자, 다들 피곤하겠지만 이데아 도감까지 완성해 보자!"

두 번째 이데아를 무사히 잡은 김상욱 아저씨와 아이들. 다음에는 또 어떤 이데아가 모습을 드러낼까? 진짜 유령처럼 으스스하거나 괴물처럼 난폭한 이데아가 기다리고 있을지도 모른다. 아니면 그라몽보다도 잡기 힘든 곳에 모습을 꽁꽁 감추고 있을지도 모른다. 하지만 오늘만큼은 어떤 걱정도 하지 않기로 했다. 서로의 힘을 모으면 어떤 일이든지 해낼 수 있다는 믿음이 그들 사이에서 싹 트고 있었으니까.

물리 이데아 ·도감·

NO.2 그라몽

중력 이데아

좋아하는 것
이데아 캔, 잠자기

키
20센티미터

몸무게
10킬로그램

특성
눈물이 많고 소심한 성격.
대부분 잠을 자지만 시끄러운 소리가 들리면 스트레스를 받으니 주의할 것.

그라몽이 일으킨 문제 분석

문제점	원인	질문
① 혼자 움직이는 가구들 ② 가구 쪽으로 끌려가는 사람들	중력 (뉴턴의 관점)	물체들이 어느 방향으로 끌려가는 건가요? 가벼운 물체들이 가까이에 있는 무거운 물체 쪽으로 끌려가는 거야.
③ 움푹 꺼진 서재의 가운데 바닥 쪽으로 미끄러지는 물체들	중력 (아인슈타인의 관점)	집 전체가 끌려들어 갈 수도 있나요? 집보다 질량이 큰 물체가 시공간을 왜곡한다면 가능하지.
④ 무중력 상태의 방 ⑤ 물건들이 천장에 붙은 방 ⑥ 허리를 펼 수 없는 방	중력의 방향과 세기	무중력 상태인데 숨은 어떻게 쉬어요? 무중력은 중력이 없다는 뜻이지 산소가 없다는 뜻이 아니란다.

그라몽 포획 작전

포획 팁	중력 이데아인 그라몽은 중력과 반대되는 부력을 활용해 잡을 수 있다.
준비물	튜브 30개, 대형 접이식 풀장, 전동 공기 주입기, 스노클링 장비, 수영복, 접착제, 보안경, 쥐꼬리톱, 마스크
포획 방법	① 공기를 채운 튜브 30개를 접착제로 이어 붙여서 터널처럼 만든다. ② 튜브 터널 한쪽을 2층 창문을 통해 정원에 설치한 풀장까지 떨어뜨린다. ③ 다락방 아래 천장에 구멍을 뚫고, 반대쪽 튜브 터널을 붙인다. ④ 그라몽이 튜브 터널을 지나 풀장 속에 떨어진다. ⑤ 부력 때문에 중력이 약해진 그라몽 포획 성공!

중력과 반대되는 부력을 이용해서 잘 포획했어!

— 김상욱 아저씨

"오늘은 맵기로 소문난 또만나 떡볶이에 왔는데요."

김상욱 아저씨가 어색한 얼굴로 카메라를 향해 손을 흔들었다.

"사장님, 추천해 줄 메뉴가 있으실까요?"

"떡볶이집이니까 아무래도 떡볶이가 제일 맛있죠, 하하."

"네! 그럼 떡볶이부터 부탁드립니다!"

너튜버 또먹이 젓가락으로 떡볶이를 집어 카메라 앞에 대고 흔들었다.

"자, 그럼 맛을 한번 볼까요?"

 김상욱 아저씨는 또먹의 뒷모습을 슬픈 눈으로 바라보았다. 또만나 떡볶이를 찾은 손님들의 반응은 한결같았다.
 사라진 이데아들을 찾는 일도 중요하지만, 떡볶이집 주인으로 완벽히 위장해 지하의 비밀 연구실을 지키는 것도 이데아 수호 협회에서 받은 임무였다. 계속 이렇게 손님들을 쫓아 보낼 수는 없었다.

김상욱 아저씨는 떡볶이를 다시 만들어 볼까 잠시 고민했다. 하지만 어제 중력 이데아 그라몽을 잡느라 고생한 피로가 아직 가시지 않았다. 부글부글 끓어오르는 떡볶이를 바라보던 김상욱 아저씨는 자기도 모르는 사이에 졸기 시작했다.

그 순간, 또만나 떡볶이집 대문 앞에 처음 보는 할머니가 등장했다.

할머니는 침까지 흘리며 졸고 있는 김상욱 아저씨를 바라보다 탁자를 주먹으로 내리쳤다.

"쾅!"

깜짝 놀란 아저씨는 몸이 거의 공중에 뜬 채 대답했다.

"어, 어서 오세요. 뭘 드릴까요?"

할머니는 턱짓으로 떡볶이를 가리켰다. 김상욱 아저씨는 할머니를 가게 안으로 안내했다. 그러고는 카리스마를 풍기는 할머니를 홀끔거리다 얼른 떡볶이를 가지고 돌아왔다.

"떡볶이 나왔습니다. 맛있게 드세요."

할머니는 코를 킁킁거렸다.

"냄새부터 형편없군."

김상욱 아저씨는 초조한 얼굴로 할머니를 지켜봤다. 아니나 다를까, 할머니는 떡볶이를 입에 넣자마자 미친 듯이 기침을 하기 시작했다.

김상욱 아저씨는 허겁지겁 물을 떠다 할머니에게 주었다.
 "듣던 대로 엉망이군. 이렇게 매운 음식을 팔다니 자네는 양심도 없나? 햇빛 마을 아이들을 죄다 병원에 보낼 생각이야?"
 "입맛에 안 맞으신다니 면목이 없습니다만, 저도 열심히 만든 음식인데 너무하시네요. 듣던 대로 엉망이라니, 도대체 누가 그런 소리를 하고 다닙니까?"
 "건우에게 들었네."
 "하여튼 걔는 도움이 안 된다니까요. 겁도 많고, 놀 궁리만 하는 데다가 만날 배고프다는 소리만……."
 할머니는 떡볶이를 먹었을 때보다 싸늘해진 얼굴로 탁자를 다시 한번 쾅 내리쳤다.

할머니는 바닥에 내려놓았던 묵직한 보자기를 탁자에 올려놓았다.
"자네에게 줄 선물이네. 건우에게 고마운 줄 알아."
김상욱 아저씨가 보자기를 열자 오래된 항아리가 모습을 드러냈다.

교과 연계

초등 | 5학년 2학기 | 3. 물체의 운동
초등 | 6학년 1학기 | 1. 지구와 달의 운동
중등 | 1학년 1학기 | 2. 여러 가지 힘

 ❷ 중력: 으악, 유령이다!

기획 김상욱 | **글** 김하연 | **그림** 정순규 | **자문** 강신철

1판 1쇄 발행 2023년 12월 20일
1판 7쇄 발행 2025년 12월 15일

펴낸이 김영곤
프로젝트3팀 팀장 이장건 **책임개발** 김혜지
영업마케팅팀 정지은 한충희 남정한 나은경 장철용 강경남 황성진 김도연 이민재 이정은
디자인 김단아
제작팀 이영민 권경민

펴낸곳 ㈜북이십일 아울북
출판등록 2000년 5월 6일 제406-2003-061호
주소 (10881) 경기도 파주시 회동길 201(문발동)
대표전화 031-955-2100 **팩스** 031-955-2177 **홈페이지** www.book21.com

ⓒ 2023 김상욱 · 김하연 · 정순규 · 강신철

ISBN 979-11-7117-102-6 74400
ISBN 979-11-7117-100-2 74400 (세트)

책값은 뒤표지에 있습니다.
이 책 내용의 일부 또는 전부를 재사용하려면 반드시 ㈜북이십일의 동의를 얻어야 합니다.
잘못 만들어진 책은 구입하신 서점에서 교환해드립니다.

• 제조자명 : ㈜북이십일
• 주소 및 전화번호 : 경기도 파주시 문발동 회동길 201(문발동) / 031-955-2100
• 제조년월 : 2025.12.
• 제조국명 : 대한민국
• 사용연령 : 3세 이상 어린이 제품

• **이미지 출처** 게티이미지코리아(31쪽, 47쪽, 67쪽, 89쪽, 111쪽, 133쪽)

다양한 SNS 채널에서 아울북과 올파소의 더 많은 이야기를 만나세요.

인스타그램   페이스북   네이버카페   유튜브
@owlbook21 @owlbook21 owlbook21 @아울북&올파소

물리박사 김상욱의 수상한 도서 추천

기대하시라!

중력 이데아 그라몽처럼 수상한 매력으로 여러분을 끌어당기는 책을 소개합니다.

다음 페이지에서 확인하세요!

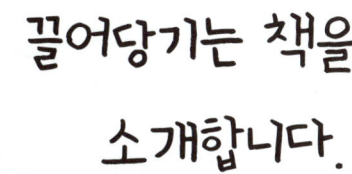

재밌겠다!

완벽해!

떠든 사람
김건우
그라몽

추천 도서 1

"나를 잡아당기는 어휘의 힘!"

★ 추천하는 이유!

공부의 기초가 되는 힘은 바로 어휘력입니다.
〈이은경 선생님의 초등 어휘 대백과〉는
초등 교과서 속 필수 어휘와 배경지식을
한눈에 정리해 공부의 중심을 잡아주는
어휘 가이드입니다.

★ 한 줄 마무리!

기초가 단단하면, 생각도 단단해집니다.
어휘의 힘으로 나만의 중심을 만들어보세요.

너무 상쾌한 책 추천이에요!
이 책들은 어디서 살 수 있나요?
저도 읽고 싶어요!